Fiche **philosophe**

Par Aurélie Garon

Spinoza

lePetitPhilosophe.fr

SPINOZA

PHILOSOPHE HOLLANDAIS INFLUENCÉ PAR LE RATIONALISME CARTÉSIEN

- **Né en 1632 à Amsterdam**
- **Décédé en 1677 à La Haye**
- **Quelques-unes de ses œuvres :**
  - *Traité théologico-politique* (1670)
  - *Éthique* (1677)
  - *Traité de la réforme de l'entendement* (1677)

Les écrits de Baruch Spinoza comptent parmi les plus exigeants et peuvent sembler déconcertants au regard de **la densité de sa pensée** et de la **singularité de son langage**. Celui-ci répond à une exigence méthodologique qui, une fois comprise, éclaire entièrement sa philosophie. Quant à sa pensée, elle est l'une des plus fécondes de la philosophie occidentale et a rendu possible le siècle des Lumières en inaugurant une **nouvelle façon de penser le monde**, en stigmatisant la superstition, le moralisme et la religiosité, en initiant la quête du bonheur – c'est ici et maintenant que l'homme doit être heureux – et en anticipant la démocratie moderne.

BIOGRAPHIE

L'ÉMANCIPATION INTELLECTUELLE

Baruch Spinoza nait en **1632** à **Amsterdam** dans une famille juive d'origine portugaise. Il reçoit une solide **instruction religieuse** à l'école talmudique, puis s'imprègne de la **philosophie** de son époque, avant d'être initié aux **mathématiques**, à la **physique**, à la **géométrie** et à la **philosophie cartésienne**. Son émancipation intellectuelle et son entrée dans la modernité se dessinent alors : esprit libre, il refuse de participer aux cérémonies et tient des propos contraires à l'orthodoxie juive. Accusé d'athéisme, il est **excommunié en 1656** et condamné à un exil de quelques mois. Un fanatique tente de l'assassiner la même année : il gardera toute sa vie la trace du couteau dans la doublure déchirée de son pardessus.

UNE PENSÉE SUBVERSIVE

Il s'installe à Rijnsburg et intègre, en **1660**, un cercle d'étude de réformés protestants non calvinistes. Il rédige durant cette période le ***Court Traité*** *de Dieu, de l'homme et de sa béatitude*, qui porte déjà en creux toute sa doctrine sur l'unité de la substance et du monde, ainsi que le ***Traité de la réforme de l'entendement***. Il emménage ensuite à Voorburg en **1663**, année où il publie ***les Principes de la philosophie de Descartes***, suivi des *Pensées métaphysiques*, puis à La Haye en **1670**, à la suite de la publication anonyme du ***Traité théologico-politique***. Il est **considéré comme un hérétique** par l'orthodoxie juive et chrétienne. Le *Traité* *théologico-politique* fait scandale et toute l'Europe stigmatise Spinoza pour son athéisme diabolique. Il est certes athée, mais sans provocation violente ; il se présente plutôt comme un **partisan de la tolérance et de la démocratie**.

UNE EXISTENCE DÉDIÉE À L'ÉCRITURE

En réalité, **c'est sa personnalité qui dérange** : indifférent aux honneurs (il refuse en 1673 une chaire de philosophie à l'université de Heidelberg), il préfère partager son aventure intellectuelle avec son cercle d'amis libres-penseurs. Il choisit par ailleurs de gagner sa vie en polissant des verres optiques, activité qu'il pratiquait déjà à Amsterdam, tandis qu'il consacre le reste de son temps à l'écriture. Il achève ainsi en **1675** son œuvre majeure, l'***Éthique***, un ouvrage commencé dix ans auparavant, mais renonce à le publier par crainte des théologiens. Au même moment, il revient à la philosophie politique avec son ***Traité politique***. Mais la tuberculose l'empêche de mettre un terme à cet ouvrage : **il meurt en 1677**. Son ami Louis Meyer emporte alors tous ses manuscrits à Amsterdam et les confie à l'éditeur Jean Rieuwertz, qui publiera toute l'œuvre de Spinoza sous le titre *Opera Posthuma*.

CONTEXTE PHILOSOPHIQUE

LE XVIIᵉ SIÈCLE, UN SIÈCLE DE PROFONDES MUTATIONS

Le XVIIᵉ siècle porte en creux une véritable mutation de l'intellect humain qui passe par une révolution scientifique opérée par les **découvertes de Galilée** (1564-1642) **et de Newton** (1642-1727). À la différence de l'ancienne physique, issue des principes d'Aristote (384-322 av. J.-C.), la nouvelle physique impose l'ordre rigoureux des mathématiques, auquel tout doit se plier : la nature est écrite en langage mathématique et **la raison scientifique s'impose**.

Dorénavant, **l'idée d'un univers sans limites** se substitue à celle d'un monde clos, comme le défendait la tradition aristotélicienne, et l'homme n'est plus le centre du monde, ce qui signifie qu'il doit affronter l'infini. Ce bouleversement trouve une résonance dans d'autres domaines que la science, notamment dans les sphères religieuse et philosophique.

SPINOZA ET LE CARTÉSIANISME

Au regard de ce monde changeant et chaotique, **René Descartes** (1596-1650), en accord avec son temps, élabore un nouveau système de pensée, inaugurant une rupture décisive : avec le cartésianisme advient **le règne de la toute-puissance des mathématiques et de la raison.**

La philosophie de Descartes s'articule autour de **trois objectifs fondamentaux** :

- **élaborer une méthode** qui garantisse le bon usage de la raison et par laquelle l'homme pourra distinguer le vrai du faux et ainsi parvenir à la connaissance vraie ;
- **rechercher les premiers principes**, les fondements absolus du savoir, afin de constituer un système total du savoir. Pour ce faire, Descartes recourt au doute systématique : le doute s'attaque aux opinions, mais aussi à la croyance dans l'existence de la réalité, des corps et du monde. Ce faisant, il conduit à la découverte d'une première certitude, le cogito, c'est-à-dire la conscience de soi. En effet, si je doute, c'est que je pense, et si je pense, c'est que j'existe en tant que substance pensante. À partir de là, Descartes construit sa métaphysique : l'existence de Dieu est la seconde certitude, issue du *cogito*. L'homme possède en lui l'idée de Dieu, mais il ne peut en être la cause puisqu'il est un être fini. Par conséquent, il faut que Dieu l'ait mise dans son esprit lui-même, ce qui signifie qu'il existe ;
- **préparer la voie vers la « plus haute et plus parfaite morale »** (Préface aux *Principes de la philosophie*, 1644). L'homme doit, selon Descartes, soumettre ses passions, causées par l'action du corps, à la raison.

Dans *Les Principes de la philosophie de Descartes*, Spinoza expose la pensée de Descartes sous la forme d'une théorie mathématique comportant axiomes, propositions, corollaires et démonstrations. Sa propre philosophie prend alors forme et se façonne à l'aune du cartésianisme. Il empruntera à Descartes l'idéal et la méthode rationalistes, mais prendra ses distances avec la conception cartésienne de Dieu, de la liberté ou encore du corps et de l'esprit.

PENSÉE ET APPORT

Spinoza s'attache à **expliquer le monde dans sa totalité** afin de provoquer un bouleversement radical de l'existence humaine. Différents concepts gravitent au sein de son système et irriguent sa pensée :

- la philosophie est posée au préalable en nécessité absolue. Elle est l'ultime salut ;
- Dieu est la nature et englobe la totalité du monde. Il est la mesure de toute chose ;
- l'homme est une unité au sein de cette nature : l'esprit et le corps sont une seule et même chose exprimée sous deux attributs différents ;
- les affects et les passions sont constitutifs de l'homme et doivent être régulés par une éthique qui pose les conditions d'accès au bonheur ;
- la philosophie politique élabore quant à elle les modalités de l'harmonie sociale.

LA NÉCESSITÉ DE LA PHILOSOPHIE

L'égarement des hommes

Dans le *Traité de la réforme de l'entendement*, constatant que **les hommes se fourvoient dans leur quête du plaisir, des honneurs et des richesses**, Spinoza érige la philosophie en nécessité absolue. En effet, les hommes sont dépendants du regard d'autrui, ils confondent les fins et les moyens, et les biens qu'ils acquièrent sont périssables et ne conduisent pas au bonheur.

Il stigmatise également, dans le *Traité théologico-politique*, **les préjugés et superstitions véhiculés par les religions**. Les hommes ont une idée confuse et obscure de Dieu qui les confine dans la crédulité, engendre intolérance et dogmatisme, et perpétue leur servitude à l'égard du monde et des autorités politiques.

Il décide alors de **chercher le « vrai bien »**, dont il jouirait éternellement dans la plus grande joie, donnant ainsi à sa philosophie une finalité morale. Ce « vrai bien », c'est **la vie selon la raison**, qui sauve l'homme du trouble des passions – en effet celles-ci conduisent à la perte de soi et à l'aliénation. Pour y parvenir, il faut que l'homme accède à **la véritable connaissance du monde et de lui-même**.

La méthode

Dans l'*Éthique*, tout comme dans *Les Principes de la philosophie de Descartes*, **la méthode de Spinoza est géométrique** : son texte prend la forme d'une théorie mathématique qui lui permet d'exprimer son exigence de rigueur et d'exclure toute explication anthropomorphique (tendance à attribuer à Dieu les sentiments, les passions, les idées et les actes de l'homme). En effet, des théorèmes, démonstrations et corollaires se déploient à partir de définitions, d'axiomes et de postulats, s'éloignant ainsi de toute forme d'irrationnel.

L'usage de cette méthode mathématique permet une **conversion au vrai bien**, c'est-à-dire à la vie selon la raison. Elle n'est pas, comme c'est le cas chez Descartes, une démarche intellectuelle pour atteindre le vrai. Elle implique le renoncement aux biens incertains que sont les plaisirs, les honneurs et les richesses pour accéder à la connaissance vraie : l'union de l'homme à Dieu, c'est-à-dire à la nature entière.

DIEU DANS LA PENSÉE SPINOZISTE

Un Dieu-nature immanent au monde

Spinoza, bien qu'il ait été accusé d'athéisme, ne nie pas **Dieu** : il le conçoit **partout dans la nature**, comme il l'explique dans la première partie de l'*Éthique*. Il réfute toute représentation anthropomorphique qui confine les hommes dans la superstition et la soumission : il n'est plus question du Dieu transcendant et personnel judéo-chrétien.

Le Dieu-nature de Spinoza constitue une réalité autonome, celle de la nature. Ainsi, **Dieu est la substance unique et immanente** (c'est-à-dire à l'intérieur du monde, par opposition à ce qui est transcendant) **qui compose la nature, le monde, l'univers**. En d'autres termes, il n'est d'autre substance dans la nature que Dieu. Par conséquent, **tout ce qui existe découle de Dieu** : tout ce qui est est advenu par lui et est aussi maintenu dans l'être par lui, rien ne peut être ni être conçu sans Dieu (<u>citation 1</u>).

Dès lors, les hommes et les évènements sont soumis au **déterminisme** : ils s'inscrivent dans l'ordre de la nature, dans un système nécessaire de causes et d'effets, dont est exclu le hasard. Les hommes ne possèdent donc aucun privilège et le libre-arbitre n'est qu'une illusion.

Dieu, une infinité d'attributs et de modes

Dieu, cette substance absolument infinie, se déploie et s'exprime sous la forme d'**une infinité d'attributs et de modes** :

- les **attributs** sont **les aspects, caractères ou expressions de Dieu**. Celui-ci en possède une infinité alors que les hommes ne peuvent en appréhender que deux : **l'étendue (ou matière) et la pensée** ;
- les **modes** désignent **les affections ou modifications de la substance**. Toutes les choses singulières qui existent sont des modes de la substance, autrement dit de Dieu puisque Dieu est la seule substance. Les corps sont par exemple des modes de Dieu sous l'attribut de l'étendue. Il existe des modes finis ou choses singulières (les corps ou les idées) et des modes infinis (le mouvement ou l'entendement).

L'homme, un corps et un esprit

L'individu est doté :

- d'**un esprit**, mode fini de l'attribut « pensée »,
- et d'**un corps**, mode fini de l'attribut « étendue ».

Ils constituent cependant **deux aspects d'une seule réalité**. En effet, Spinoza ne conçoit pas la réalité humaine comme une âme liée à un corps, mais comme un esprit conscient d'un corps. Il n'existe donc qu'une seule réalité humaine au sein de laquelle se déroulent parallèlement l'ordre et la connexion des choses matérielles ainsi que l'ordre et la connexion des idées. En d'autres termes, les évènements de conscience et les évènements corporels n'interagissent pas entre eux, ils se déroulent simultanément au sein de la nature :

- **l'esprit est l'idée du corps ;**
- **le corps l'objet de l'esprit** (citation 2).

Nous touchons ici à deux grandes différences entre Spinoza et Descartes :

- d'une part, tandis que Descartes conçoit l'âme et le corps comme deux entités distinctes et interroge le lien entre réalité spirituelle et réalité matérielle, Spinoza met à mal le dualisme cartésien, faisant de l'esprit et du corps une seule et même réalité. Notons d'ailleurs qu'il emploie le terme *mens* (« esprit ») et non pas *anima* (« âme ») comme le fait Descartes ;
- d'autre part, si Descartes admet d'abord l'existence de

la conscience individuelle (le cogito), Spinoza part quant à lui d'un Dieu-nature qui est une substance unique et immanente, dont la conscience individuelle n'est qu'un mode.

L'homme est donc une unité, en même temps qu'une partie de la nature. S'il sait cela, il pourra ériger des règles de vie à la mesure de ce qu'il est, car c'est « ici et maintenant » que l'homme doit connaitre sa place dans le monde et se mettre en quête du bonheur.

LES AFFECTS ET LES PASSIONS

Le désir, l'essence de l'homme

Dans la troisième partie de l'*Éthique*, Spinoza traite des affects et distingue **trois affects primitifs** :

- vient d'abord **le désir**,
- puis **la joie**
- et **la tristesse**.

En affirmant que le désir est l'essence même de l'homme, le philosophe se situe à contrecourant des intellectualistes tels que Descartes ou Gottfried Wilhelm Leibniz (1646-1716), qui définissent l'homme par sa raison.

BON À SAVOIR

L'**intellectualisme** est une doctrine philosophique selon laquelle tout ce qui existe peut se réduire, en théorie, à des éléments d'ordre intellectuel, autrement

Plus précisément, selon Spinoza, **l'homme tend naturellement à persévérer dans son être**, autrement dit à se conserver et à se renouveler sans cesse, et ce **grâce à son appétit**. L'appétit se différencie du désir en ce que le désir est l'appétit qui a conscience de lui-même. Ainsi, l'appétit est un effort continuel pour réaliser sa propre nature, pour devenir toujours plus soi-même :

- si cet effort ne s'applique qu'à l'âme, comme c'est le cas dans les activités intellectuelles, l'appétit est appelé « volonté » ;
- s'il s'applique à l'âme et au corps, il est simplement nommé « appétit » (citation 3).

Dès lors, le désir est une puissance du corps et de l'esprit qui permet la conservation et le dépassement de l'individu, ainsi que l'acquisition d'une connaissance claire de soi-même et de la nature. L'homme se définit donc d'abord par son aspiration à exister et à persévérer dans son être, par sa capacité de percevoir et de connaitre. En somme, **l'homme est désir** : son essence même est une dynamique, une force, une énergie, un élan d'affirmation qui vise à conserver et à accroitre son existence.

La joie et la tristesse

Quant aux deux autres affects, la joie et la tristesse, ils découlent directement du **désir** :

- soit celui-ci est **en baisse** et engendre une diminution de la puissance d'exister, de penser et d'agir, d'où la tristesse ;
- soit le désir est **en augmentation** et engendre un accroissement de la puissance d'exister, de penser et d'agir, d'où la **joie**.

Par conséquent, lorsqu'il est animé par des sentiments de joie, l'esprit humain est actif, alors que quand il est en proie à la tristesse, il se montre passif (citation 4).

Les passions

À partir de ces trois affects primitifs, Spinoza déduit toutes les passions : la jalousie, l'humilité ou l'envie sont des formes de la tristesse, alors que l'admiration, la générosité ou la louange sont des formes de la joie. Ainsi, le corps et l'esprit sont affectés par **une multitude de sentiments divers qui naissent de la combinaison des trois affects primitifs** (citation 5).

Nous pouvons par ailleurs **expérimenter les affects de manière active ou passive** et ceux-ci s'avèrent positifs ou négatifs selon l'effet qu'ils ont sur nous :

- l'individu est actif lorsqu'il peut s'identifier comme la cause de ce qui se produit et lorsqu'il comprend les choses ;

- il est passif lorsqu'il pâtit d'une cause extérieure qui échappe à sa conscience et lorsqu'il ne comprend pas les choses.

Dans ce deuxième cas, l'homme développe des idées confuses puisque les passions qui l'affectent l'empêchent d'accéder à la connaissance : son corps et son esprit sont tous deux soumis à des causes non comprises. Elles exacerbent sa passivité et sa faiblesse, donc sa servitude. Ainsi, **l'homme se croit libre parce qu'il est conscient de ses passions**, mais, en réalité, selon Spinoza, **il ne l'est pas dans la mesure où il demeure inconscient des causes qui le déterminent** (citation 6). La vraie liberté consiste alors à comprendre l'ordre réel des choses et à saisir notre place dans la causalité de la nature. Cette connaissance permet d'accroitre notre puissance d'exister.

Il apparait dès lors nécessaire pour Spinoza d'ériger une éthique, un cheminement de vie qui rende l'homme libre et heureux.

L'ÉTHIQUE PHILOSOPHIQUE

Trois genres de connaissance

Accéder à la connaissance vraie exige la compréhension des **trois genres de connaissance** définis par Spinoza :

- le premier est **l'opinion ou l'imagination**. Celles-ci relèvent de la perception sensible, s'acquièrent par ouï-dire ou par « expérience vague » et peuvent produire des idées ou des notions générales, partielles, confuses et obscures. Aussi ce genre de connaissance engendre-t-il un comportement passif, passionnel, superstitieux et fanatique ;

* le deuxième est la **raison discursive** (la démonstration mathématique, par exemple). Il s'agit d'une forme de connaissance rationnelle qui permet de définir et de déduire, et qui, dès lors, éclaire la compréhension de l'homme et du monde. Cette connaissance permet de s'affranchir des passions ;
* enfin, le troisième est la **science intuitive**, purement intellectuelle, qui consiste en une saisie intuitive et directe de la vérité. Par exemple, le mathématicien sait intuitivement que 6 est à 3 ce que 4 est à 2. La raison qui œuvre ici en direction de la vérité engendre **une connaissance vraie et adéquate**. Celui qui atteint cette connaissance perçoit chaque chose et chaque évènement comme découlant du Dieu-nature, soit la nécessité naturelle, et en éprouve la plus grande joie.

L'homme possède naturellement des idées vraies et le pouvoir de connaitre. Passer de l'ignorance à la connaissance est donc à sa portée. Il lui faut dès lors se recentrer sur la vérité.

La liberté par la connaissance

Aux yeux de Spinoza, **la connaissance vraie libère l'homme**. Elle lui donne le pouvoir :

* de s'affranchir de ses passions ;
* de comprendre l'ordre des choses, les lois de la nature et de la nature humaine ;
* de prendre conscience d'appartenir à cette totalité qu'est

la nature (ou Dieu).

Après avoir détruit le libre-arbitre de l'homme à travers sa vision d'un Dieu-nature, Spinoza redonne dans un deuxième temps son statut à **la liberté** : elle désigne **l'autonomie de l'action humaine**, c'est-à-dire la capacité de l'être humain à **se déterminer grâce à la connaissance** de la nature et de sa place dans la nature. Par conséquent, il n'y a de liberté authentique que dans la connaissance vraie (<u>citation 7</u>).

Une philosophie de la joie

Spinoza érige **la joie comme critère de discernement de l'action bonne** : le fait de bien vivre et de bien agir équivaut à exister dans la joie. En effet, l'action bonne accroit la puissance d'exister d'un individu et, par conséquent, le sentiment de joie. La béatitude est le paroxysme de la joie : elle incarne la perfection.

Le philosophe récuse le sens traditionnel du concept de morale en lui substituant le terme de « **vertu** » : il n'est nullement question d'une conscience morale ou d'une injonction religieuse, mais d'**un effort pour persévérer dans son être.** La vertu désigne ainsi le désir réfléchi, ou l'action réfléchie, qui permet la réalisation de soi et l'accès à une joie et à une paix intérieures. Elle oriente en filigrane toute l'existence humaine et ne doit pas être comprise comme un ascétisme : Spinoza propose un véritable eudémonisme en faisant de **la jouissance concrète de l'existence le bien suprême.**

Mais loin de satisfaire à une quelconque propension à l'égoïsme, cette quête vertueuse laisse une **place importante à l'altérité** et revêt une **dimension universaliste** :

- d'une part, la vertu est également générosité. Spinoza évoque à cet égard l'amitié que l'homme libre porte à autrui et qui lie les esprits entre eux dans la joie ;
- d'autre part, le philosophe estime qu'un grand nombre doit accéder au bonheur par le moyen de la raison qui lui permet d'acquérir la connaissance vraie.

Par ailleurs, cette libération individuelle a lieu au sein d'une réalité politique que le philosophe s'emploie à analyser puis à refonder.

LA PHILOSOPHIE POLITIQUE

La loi commune de la cité est l'une des conditions de la liberté effective de l'homme. C'est dans le *Traité théologico-politique* et le *Traité politique* que Spinoza approfondit cette question.

La critique de la Bible

Spinoza entreprend une **critique scientifique et ration-**

nelle des Écritures. Son effort d'élucidation porte sur les textes eux-mêmes et ne consiste pas en une interprétation du sens qui serait tributaire des croyances du lecteur. Sa parfaite connaissance de l'hébreu lui permet de procéder de la sorte, et c'est ainsi que les prophéties, les miracles ou les révélations sont éclairés à la lumière de la raison. Au terme de son travail, le philosophe constate :

- que **la Bible n'élucide pas la nature de Dieu** ;
- qu'elle ne transmet **aucune connaissance physique**, c'est-à-dire qu'elle n'apporte aucune explication des phénomènes naturels, qu'elle ne se situe pas sur le terrain de l'explication scientifique et rationnelle ;
- qu'il ne s'agit que d'**une simple morale** dont les principes, dénués de toute raison, ne constituent pas une éthique philosophiquement fondée.

Elle contient par ailleurs des textes politiques qui visent à structurer la société. Mais Spinoza montre que **l'État ne peut être une institution de droit divin** et qu'il doit être laïque afin de garantir la liberté de penser (<u>citation 8</u>).

La théorie politique

La politique doit offrir aux passions individuelles **un lieu de coexistence** où cesseraient d'exister la tristesse et la haine et au sein duquel seraient instaurées **la paix et la concorde**.

C'est la doctrine du *conatus* qui constitue la théorie de l'origine du droit : **un droit de nature se déploie dans la vie empirique, au gré de l'action humaine pour persévérer dans l'être**. Puisqu'aucune morale ne préexiste aux individus, l'action humaine ne dépend d'aucune morale transcendante et le droit de nature ne relève ni du bien ni du mal : il se mesure à l'aune de la puissance et du désir de l'individu.

Au regard d'une telle situation, les conflits s'exacerbent, mais il n'en demeure pas moins que les hommes sont doués de raison et d'intelligence. De ce fait, afin de limiter les conflits d'intérêts et de passions, ils scellent **un pacte social donnant naissance au droit civil**, qui sera désigné plus tard par le terme de « droit positif » : celui-ci désigne l'ensemble des lois qui recouvrent et dépassent les droits individuels. Autrement dit, il consiste à reconnaitre une part des droits d'autrui en renonçant à une part de ses droits propres. Il régit la vie des individus au sein d'une communauté juridique spécifique et donne lieu à la souveraineté du corps social qui délègue une partie de ses pouvoirs à un organisme législatif, chargé de faire appliquer les lois.

C'est au terme du *Traité politique*, qu'il laisse inachevé, que Spinoza examine les différentes constitutions possibles et laisse apparaitre en filigrane sa préférence pour **le régime démocratique**, doté d'une plus grande cohérence interne et intrinsèquement lié à sa philosophie.

La politique est ainsi nécessaire à l'harmonie sociale. Elle offre la possibilité à l'homme de s'affranchir de ses servitudes et de la crainte afin de cheminer vers la joie.

EN RÉSUMÉ

Spinoza conçoit **Dieu partout dans la nature** : Dieu est la substance unique et immanente qui compose la nature. Dès lors, tout ce qui existe découle de Dieu.

Dieu s'exprime sous la forme d'une infinité d'attributs et de modes. Ainsi, **les hommes sont des modes de Dieu sous les attributs « pensée » et « étendue »** par leur esprit et par leur corps, qui ne constituent qu'une seule réalité.

Le philosophe distingue **trois affects primitifs : le désir, la joie et la tristesse**. Le désir est l'essence de l'homme : celui-ci tend naturellement à persévérer dans son être. Lorsque le désir est en baisse, il engendre la tristesse ; lorsqu'il est en augmentation, il engendre la joie. À partir de ces trois affects, Spinoza déduit tous les autres sentiments.

Pour accéder à la liberté et au bonheur, l'homme doit acquérir **une connaissance vraie et adéquate** qui consiste à percevoir chaque chose et chaque évènement comme découlant du Dieu-nature.

Du point de vue moral, Spinoza érige **la joie comme critère de discernement de l'action bonne**. Aussi le philosophe substitue-t-il le terme de « **vertu** » au sens traditionnel du concept de morale : la vertu désigne le désir réfléchi qui permet la réalisation de soi et l'accès à la joie.

Dans les domaines religieux et politique, le penseur explique notamment que **les Écritures n'apportent aucune connaissance physique** et préconise un **État laïque** afin de garantir la liberté de penser. Par ailleurs, la politique doit offrir aux passions individuelles un lieu de coexistence pacifique garanti par le droit civil.

Votre avis nous intéresse !
Laissez un commentaire sur le site de votre librairie en ligne
et partagez vos coups de cœur sur les réseaux sociaux !

POUR ALLER PLUS LOIN

- BALIBAR (Étienne), *Spinoza et la politique*, Paris, PUF, 2011.
- DELEUZE (Gilles), *Spinoza. Philosophie pratique*, Paris, Les Éditions de Minuit, 2003.
- MISRAHI (Robert), *100 mots sur l'*Éthique *de Spinoza*, Paris, Les Empêcheurs de penser en rond, 2005.
- MOREAU (Pierre-François), *Spinoza et le spinozisme*, Paris, PUF, 2003.
- MOREAU (Pierre-François), *Spinoza. L'expérience et l'éternité*, Paris, PUF, 1994.
- RUSS (Jacqueline), *Panorama des idées philosophiques*, Paris, Armand Colin, 2007.
- SPINOZA (Baruch), *Éthique*, traduction d'Émile Saisset, 1848.
- SPINOZA (Baruch), *Éthique*, traduction de Charles Appuhn, Paris, Gallimard, 1993.
- SPINOZA (Baruch), *Traité de la réforme de l'entendement*, suivi des *Principes de la philosophie de René Descartes* et de *Pensées métaphysiques*, traduction de Roland Caillois, Paris, Gallimard, 1995.
- SPINOZA (Baruch), *Traité politique*, traduction d'Émile Saisset, 1842.
- SPINOZA (Baruch), *Traité théologico-politique*, traduction de Myrielle Pardo, Paris, Hatier, 2000.

TESTEZ VOS CONNAISSANCES !

ASSOCIEZ CHAQUE CITATION À L'EXPLICATION QUI LUI CORRESPOND

Citation 1 : « [Dieu] existe et agit par la seule nécessité de sa nature, [...] il est la cause libre de toutes choses et de quelle façon, que toutes choses sont en lui et dépendent de lui, de telle sorte qu'elles ne peuvent être ni être conçues sans lui, [...] tout a été prédéterminé par Dieu [...]. » (*Éthique*, 1848, appendice au livre 1)

Citation 2 : « [...] L'Esprit et le Corps, c'est une seule et même chose, qui se conçoit sous l'attribut tantôt de la Pensée, tantôt de l'Étendue. » (*Éthique*, partie 3, proposition 2)

Citation 3 : « L'effort par lequel chaque chose s'efforce de persévérer dans son être n'est rien à part l'essence actuelle de cette chose. [...] Cet effort, quand on le rapporte à l'Esprit seul, s'appelle Volonté ; mais quand on le rapporte à la fois à l'Esprit et au Corps, on le nomme Appétit [...]. » (*Éthique*, partie 3, propositions 6-9)

Citation 4 : « [...] Par tristesse, nous entendons ce qui diminue ou contrarie la puissance de penser de l'esprit [...] ; et par conséquent, dans la mesure où l'esprit est attristé, sa puissance de comprendre (intelligendi), c'est-à-dire d'agir [...] est diminuée ou contrariée. Et par conséquent il n'y a point de sentiments de tristesse qui puissent se rapporter à l'esprit en tant qu'il agit, mais seulement des sentiments de joie et de désir, qui [...] se rapportent à l'esprit en tant qu'actif. » (*Éthique*, partie 3, proposition 59)

Citation 5 : « Autant il y a d'espèces d'objets qui nous affectent, autant il faut reconnaitre d'espèces de joie, de tristesse et de désir, et en général de toutes les passions qui sont composées de celles-là [...]. » (*Éthique*, partie 3, proposition 56)

Citation 6 : « [...] Les hommes se croient libres pour la seule cause qu'ils sont conscients de leurs actions et ignorants des causes par où ils sont déterminés. » (*Éthique*, partie 3, scolie de la proposition 2)

Citation 7 : « [...] L'homme est parfaitement libre en tant qu'il est conduit par la raison ; car alors il est déterminé à agir en vertu de causes qui s'expliquent d'une façon adéquate par sa seule nature [...]. » (*Traité politique*, 1848, chapitre 2)

Citation 8 : « [...] Comme le tempérament des hommes est tout à fait divers, [...] il faut laisser à chacun la liberté de son propre jugement et le pouvoir d'interpréter la foi comme il l'entend. » (*Traité théologico-politique*, traduction de M. Pardo, Paris, Hatier, 2000, p. 17-18)

Explication a : l'esprit et le corps sont deux aspects d'une seule réalité humaine.

Explication b : la tristesse, qui diminue la puissance d'exister, contrarie l'esprit dans son action, tandis que la joie, qui accroit la puissance d'exister, rend l'esprit actif.

Explication c : tout ce qui existe découle de Dieu : tout ce qui est est advenu par lui et est aussi maintenu dans l'être par lui, rien ne peut être ni être conçu sans Dieu.

Explication d : bien que les hommes pensent être libres, en réalité, ils ne le sont pas car, s'ils ont conscience de leurs actions, ils ne savent rien des causes qui les déterminent.

Explication e : la science intuitive, qui consiste à saisir directement la vérité, engendre une connaissance vraie et adéquate qui permet d'accéder à la joie.

Explication f : le corps et l'esprit sont affectés par une multitude de sentiments qui découlent tous des trois affects primitifs que sont le désir, la joie et la tristesse.

Explication g : la liberté réside dans la capacité de l'homme à se déterminer grâce à la raison qui lui permet d'accéder à la connaissance vraie.

Explication h : les hommes étant tous différents, la liberté de penser doit être garantie à tous.

Explication i : la vertu, qui désigne l'action réfléchie permettant la realisation de soi et l'accès à une joie et une paix intérieure, oriente en filigrane toute l'existence de l'homme.

Explication j : l'essence de l'homme est une dynamique, une puissance, un effort pour persévérer dans son être : lorsque cet effort ne s'applique qu'à l'âme, on parle de « volonté », et lorsqu'il s'applique également au corps, on parle d'« appétit ».

Rendez-vous sur lepetitphilosophe.fr et découvrez :

Plus de 1200 analyses
Claires et synthétiques
Téléchargeables en 30 secondes
À imprimer chez soi

www.lepetitphilosophe.fr

ISBN version numérique : 978-2-8062-4972-2
ISBN version papier : 978-2-8080-0137-3
Dépôt légal : D/2017/12603/521

Conception numérique : Primento,
le partenaire numérique des éditeurs.